UNE VISITE

AU

MONT-CASSIN

(13 Avril 1909)

Par M. DE LA BUNODIÈRE

ROUEN

IMPRIMERIE CAGNIARD (Léon GY, Successeur)
Rue Jeanne-Darc, 88

—

1910

UNE VISITE

AU

MONT-CASSIN

(13 Avril 1909)

Par M. DE LA BUNODIÈRE

ROUEN

IMPRIMERIE CAGNIARD (Léon GY, Successeur)
Rue Jeanne-Darc, 88

—

1910

UNE VISITE AU MONT-CASSIN

(13 Avril 1909)

Par M. DE LA BUNODIÈRE.

Dans le temps où nous vivons les déplacements sont faciles et les voyages rapides. Une excursion en Italie n'est donc plus le thème d'une narration impatiemment attendue, mais si beaucoup d'entre vous ont visité Rome et même poussé jusqu'à Naples, quelques-uns seulement peut-être se sont arrêtés au Mont-Cassin.

Pour ceux-là le sujet de ma causerie ne sera pas absolument nouveau, ils voudront bien m'en excuser, mais j'ai pensé dans tous les cas qu'un rapide exposé des richesses artistiques de l'abbaye et de la célèbre bibliothèque bénédictine n'était pas déplacé dans votre Compagnie.

Le 13 avril dernier, je partais de Rome par la ligne de Naples. Je ne décrirai point le paysage bien connu de cette sortie de la ville, avec les vestiges si imposants des aqueducs *Acqua Felice, Aqua Claudia* et *Aqua Marcia*, ce dernier, vieux aujourd'hui de plus de vingt siècles, et qui, après avoir été restauré en 1869, apporte encore dans la Ville Éternelle une eau considérée comme excellente.

Après l'eau, le vin : on traverse en effet les vignes qui s'étagent sur les petits côteaux de Frascati, Albano, Genzano. Plus loin, sur la gauche, se dresse la pittoresque et pauvre ville de Valmontone, dont le nom dit assez la situation — une montagne au milieu de la vallée — le train roule toujours et ce n'est qu'après 150 kilomètres qu'on arrive enfin à l'ancienne gare de San-Germano qui a pris maintenant le nom de Cassino. Il ne reste plus rien de l'antique cité de Casinum illustrée par le voisinage de la splendide villa qu'y fit construire Varron, et dont il a fait lui-même une description détaillée. C'est à un kilomètre de là que fut construit le village de San Germano, appelé maintenant Cassino, mais ce n'est point là qu'est l'abbaye, elle se dresse sur une haute montagne dont l'altitude est de 525 mètres au-dessus du niveau de la mer.

L'ascension en fut pendant longtemps des plus pénibles par une route pierreuse aux pentes glissantes, et on est confondu à la pensée que les matériaux les plus lourds, bois, pierres, marbres, aux proportions considérables, ont dû être hissés au sommet par ces sentiers abruptes (qu'on voit encore) pour édifier cette immense construction longue de 177 mètres et cette somptueuse église. En 1887, le gouvernement italien fit faire à coups de mine une route aux courbes savantes, et c'est par cette voie qu'une vieille calèche de l'abbaye, envoyée au-devant de nous, nous amena, le R^{me} Dom Pothier et moi, en une heure, au trot de deux petits chevaux, jusqu'à la porte du monastère.

Par un étrange compromis, qu'on ne rencontre guère

qu'en Italie sous le nom de *combinazione*, nous arrivons sur le domaine de l'Etat qui s'est approprié par une loi de circonstances les biens monastiques, mais les religieux continuent à y vivre en paix, ils étudient, ils prient, ils travaillent même matériellement, et avec quel luxe, à l'abbaye dans laquelle ils sont demeurés. En effet, sous la direction des moines venus de Bavière et qui ont formé ce que l'on appelle l'école de Beuron, des restaurations d'un puissant intérêt ont été entreprises. Le R^me Père Krug, actuellement abbé du Mont-Cassin, est l'inspirateur de ces importants travaux. Il s'appliqua d'abord à restaurer la Torretta. Dans la partie inférieure de cette antique tour se trouvait autrefois la chambre de saint Benoît. C'est là, d'après une tradition constante, que saint Benoît habita depuis son arrivée au Mont-Cassin jusqu'à sa mort (de 529 à 543), c'est là qu'il écrivit sa fameuse Règle, regardée dans tous les temps comme un modèle de sagesse, c'est de là qu'il vit s'envoler au ciel l'âme de sa sœur, sainte Scholastique, sous la forme d'une colombe(1).

Cette chambre vénérable et celles qui lui servent d'accès sont actuellement entièrement revêtues de peintures à fresques qui représentent les divers épisodes de la vie du patriarche saint Benoît. L'école de Beuron est un peu faite pour surprendre les familiers de nos salons

---

(1) La sœur du R^me P. Krug, également moniale Bénédictine, après avoir été longtemps à Chicago, revint, il y a quelques années, au monastère de Sainte-Scholastique dont elle fut nommée abbesse. De sorte que, le frère et la sœur. à quatorze siècles d'intervalle, renouvelaient dans le parloir de l'Abbaye des Bénédictines de Cassino le touchant tableau des entrevues de saint Benoît et sainte Scholastique.

de peinture moderne, mais à la bien considérer elle élève graduellement la pensée vers les scènes religieuses qu'elle traduit sévèrement sans chercher à captiver nos sens par des formes enveloppantes, c'est en un mot l'antipode de l'école Bouguereau ; si elle séduit moins dans une contemplation hâtive, elle grave davantage les faits dans l'ambiance cherchée du souvenir reconstitué.

La chambre de saint Benoît, convertie en chapelle, est d'une simplicité voulue où tout converge vers l'autel une table de pierre soutenue par trois colonnettes, avec les mots *Ora Labora*. Mais ce qui est destiné à retenir l'attention, c'est surtout le retable. Saint Benoît, assis, pose la main gauche sur le livre ouvert de la Règle, tandis que de la droite il ébauche une bénédiction ; à ses côtés, deux anges debout, dont les tuniques tombent en plis droits, tiennent la croix et la crosse de saint Benoît ; le tout est en bronze et d'une rigidité d'attitude extrême. Dans l'ensemble, c'est quelque chose comme le mausolée d'un Pharaon chrétien.

Remontons à la sacristie. On y voit un fragment de pavage en mosaïque du vr° siècle où le porphyre, le jaune antique, le serpentin donnent une idée de la magnifique basilique qu'avait fait élever l'abbé Didier. Malheureusement, de tous les souvenirs vraiment contemporains de saint Benoît, on ne peut plus montrer aujourd'hui que le poids du pain servant à régler l'alimentation quotidienne des moines. Encore vaut-il la peine d'être décrit. Il est en bronze, de forme ronde, un peu écrasé, avec cette inscription circulaire en lettres capitales romaines qu'on ne lit plus que très difficilement: *Pondus libre panis Beati Benedicti.* Il pèse actuellement 1,052 grammes, mais, avant l'usure du frottement que l'usage de quatorze siècles a produit, il devait être un peu plus considérable. J'ajouterai même, d'après les réflexions de quelques religieux, qu'on n'est pas absolument fixé sur le poids du pain accordé chaque jour aux moines du temps jadis, car s'il était adapté aux balances que nous connaissons sous le nom de *romaines,* et qui étaient seules en usage à l'époque, il devient un multiple dans la pesée effectuée. Etait-ce alors le poids d'une forte miche nécessaire aux estomacs robustes de nos ancêtres, ou était-ce le total des pitances réunies de plusieurs moines, on ne sait. Mais, par comparaison, nous pouvons rappeler que la ration de pain du fantassin dans l'armée française est actuellement de 750 grammes par jour.

Disons un mot des cloîtres extérieurs.

Une longue suite de portiques se prolongent majestueusement sur une étendue d'environ 88 mètres. Les arcades d'ordre dorique sont au nombre de 79 et forment un grand parallélogramme que deux autres portiques à jours divisent perpendiculairement en trois cours distinctes. L'ensemble a un caractère imposant. La cour centrale est terminée par un escalier royal que couronne un atrium à quatre arcades d'un bel effet, elle a une largeur de 20 mètres et une longueur de 46 mètres, y compris l'escalier. Le portique qui l'entoure sur trois côtés et qui soutient la loggia du Paradis fut construit en 1515 sur les dessins de Bramante.

Au centre de la cour, pavée de grosses dalles, se trouve une vaste citerne dont l'orifice est d'un effet très pittoresque. C'est une grande coupe octogonale reposant sur deux gradins à la base et placée entre deux belles colonnes corinthiennes. Les colonnes supportent une architrave du milieu de laquelle, entre deux lions en pierre et deux cornes d'abondance, s'élève un écusson aux armes de l'abbaye. Le tout est dominé par une croix. C'est près de là qu'on conserve encore deux corbeaux en souvenir de ceux qui auraient accompagné saint Benoît de Subiaco au Mont-Cassin. Au bas du grand escalier se trouvent deux statues colossales de saint Benoît et sainte Scholastique; elles datent de 1736.

Si nous gravissons l'escalier, on arrive au cloître des Statues ou des Bienfaiteurs. Ces statues, de grandeur plus que naturelle, sont au nombre de 18 et quelques-unes sont fort remarquables. Elles ont été sculptées à la fin du XVIIe et au commencement du XVIIIe siècle et sont dans un état parfait de conservation, grâce aux voûtes qui les protègent.

Ce sont : Anicius Probus et Abondance, le père et la mère de saint Benoît. Anicius Tertullus, père de saint Placide, le premier disciple de saint Benoît. Les papes Grégoire II, saint Zacharie; Victor III, Urbain V, Clément XI, Benoît XIII et Benoît XIV, Grégoire le Grand, Gisulphe II, duc de Bénévent, Lothaire III, Charles III de Bourbon, roi des deux Siciles, et plus tard roi d'Espagne, Ferdinand IV, fils du précédent, Charlemagne et saint Henri II, empereur d'Allemagne. Enfin, je termine cette énumération par la statue d'un

Normand, Robert Guiscard, fils de Tancrède de Hauteville, père de Bohémond, tant chanté par le Tasse, l'ami du célèbre abbé Didier, et l'un des plus généreux bienfaiteurs du Mont-Cassin. Sa seconde femme, Sigelgaïte, non moins généreuse bienfaitrice, fut enterrée au Mont-Cassin en 1090.

Nous arrivons par ce cloître orné de statues à la porte de l'église. Les vantaux en sont surtout dignes d'observation. Ils sont recouverts de lames de bronze qui contiennent la nomenclature de toutes les possessions du Mont-Cassin au xi° siècle; dans le vantail de gauche toutes les lettres sont incrustées d'argent. Ce n'est plus maintenant qu'un souvenir historique, car l'abbaye a été dépossédée petit à petit de tous ses biens jusqu'au jour récent où le gouvernement italien a mis la main sur le reste. Cette dualité assez bizarre entre l'Etat propriétaire et les moines occupants a donné lieu dans les derniers temps à un épisode qui mérite d'être raconté.

L'empereur d'Allemagne, Guillaume II, qui entretient avec le Père abbé le R^{me} Krug, son compatriote, les relations les plus cordiales, jugea à propos, dans sa visite au Mont-Cassin, en 1903, de se faire accompagner par son jeune allié le roi d'Italie, Victor-Emmanuel III. Grand émoi dans le monde ecclésiastique, la chose était-elle possible à la suite des événements de 1870 ? Après de longues négociations, on décida que le Mont-Cassin n'étant pas sur le territoire des Etats pontificaux, n'avait pas été soustrait au Souverain Pontife, et que le *modus vivendi* adopté avec les ordres religieux ne

10

constituait pas un *veto* absolu à la visite projetée. Elle
eut donc lieu. L'empereur allemand était accompagné
d'une suite nombreuse et brillante dans laquelle on
remarquait ses deux fils aînés et le roi d'Italie qui sem-
blait effacé. Le R^{me} Krug reçut ces hôtes illustres avec
la simplicité du moine, mais aussi avec la noblesse du
grand seigneur qu'il savait être à l'occasion, et ce fut un
contraste étrange de voir le puissant empereur conver-
ser à son aise avec les moines et circuler la tête haute
dans l'abbaye, pendant que son jeune allié suivait silen-
cieusement, absorbé dans un visible embarras (1).

Mais, revenons à l'église. C'est une merveille de
richesses ; les murailles et les pavages sont revêtus des
marbres les plus rares et les voûtes décorées de peintures de grands maîtres. La description en serait
longue et périlleuse pour mon inexpérience. En voici
les dimensions : longueur 64 mètres, hauteur de la
voûte 17 m. 50, largeur 19 mètres, sans compter les
chapelles. Ces dernières, au nombre de huit, ont
5 m. 10 sur 5 m. 70.

Le sanctuaire s'élève à 1 m. 35 au-dessus du pavé
de l'église, on y monte par huit marches en mosaïque
d'un travail remarquable ; c'est le commencement du
transept. L'autel est au milieu et dans sa partie posté-
rieure se trouvent les tombeaux de saint Benoît et de
sainte Scholastique entourés d'une grille en cuivre sup-
portant treize lampes qui brûlent jour et nuit. C'est la

(1) Rapprochement curieux. Le 20 mai 1909, fête de l'Ascension, le
roi et la reine d'Italie venaient dans le plus strict incognito visiter
l'abbé et assister à la grand'messe.

partie la plus riche du sanctuaire, on y a prodigué les mosaïques où brillent le vert antique, le lapislazuli, la nacre, la brocatelle d'Espagne.

Le chœur, qui fait suite au sanctuaire, renferme deux rangs de stalles, 48 hautes et 34 basses, c'est un monde de statuettes, de portraits, d'animaux, de fruits, de fleurs qui ne sont pas toujours d'un dessin irréprochable, mais d'une finesse de détails inouïe. Dans le fond du chœur l'orgue brille dans une profusion de dorures, mais les sons que j'en entendis ne me semblent pas répondre à sa vieille réputation.

Si nous descendons maintenant dans l'église souterraine, ou *soccorpo*, qui est aussi grande que le sanctuaire et le chœur réunis, nous nous trouvons en face de restaurations somptueuses. Cette crypte, creusée en entier dans le roc en 1544, avait été couverte de fresques, mais elles étaient irrémédiablement abîmées par l'humidité, la sottise des gens qui croient léguer leur nom à l'admiration de la postérité en le gravant au couteau sur les murailles et surtout par une restauration maladroite exécutée en 1831. Une réfection complète s'imposait. Elle a été commencée en 1900, grâce à la munificence du pape Léon XIII et de nombreux souverains et grandes familles amis du Mont-Cassin. Le R^me P. Krug qui est l'inspirateur de cette œuvre, pour laquelle il n'hésita pas à aller quêter jusqu'en Amérique, espère la voir achevée dans deux ans (1).

(1) Le R. P. Krug, qui me formulait cet espoir le 13 avril 1909, a été rappelé à Dieu le 4 juillet suivant, sans qu'il ait pu voir ici-bas la fin de cette entreprise qui était le couronnement de sa vie de moine

12

Les moines de Beuron font tous les croquis, dessins,
modèles et maquettes que des ouvriers exécutent sous
leur direction. Ces ouvriers ont été choisis intention-
nellement en dehors de toute école préconçue, ce sont
à proprement parler des manœuvres intelligents, qui
n'ayant pas travaillé sous d'autres maîtres, exécutent
fidèlement les modèles qui leur sont imposés, sous la
direction exclusive des moines. S'ils acquièrent à la
longue une réelle habileté de main, c'est toujours en se
conformant aux principes qui leur sont donnés et sans
chercher à s'écarter des prototypes qu'on leur fait
exécuter.

Cette école artistique de Beuron a défrayé souvent la
critique des Beaux-Arts, et je l'ai déjà dit, elle sur-
prend parfois notre œil accoutumé au dessin relâché et
aux formes molles. Tout y est rigide et hiératique,
mais tout cependant concourt à un effet saisissant qui
nous ramène à la glorification des saints et à la pensée
de Dieu. Les anges agenouillés jouant de la harpe s'ils
n'avaient des ailes, pourraient figurer sur des monu-
ments égyptiens : les patriarches, les saints, et les
monarques dont le cortège se déroule dans une longue
théorie de bas-reliefs sur les parois de marbre de la
crypte s'inspirent des mêmes principes d'une rigidité
voulue. Dans la voûte, les mosaïques aux ors rutilants

et d'artiste. L'empereur Guillaume II s'est fait représenter à ses
obsèques et avait envoyé une splendide couronne cravatée d'un large
ruban aux armes d'Allemagne. La sévère consigne ne toléra que deux
couronnes : celle du puissant souverain et celle de la Société ouvrière
de la ville de Cassino.

et aux pierres multicolores renvoient la lumière avare qui entre par de petites fenêtres où l'on appliquera des vitraux sobres, dont on cherche actuellement les tons neutres. Le marbre, le bronze, la mosaïque, le bois de cèdre, tout concourt à la richesse de ce sanctuaire qui sera unique dans son genre, et on ne saurait trop admirer la persévérance de ces bénédictins qui, au milieu de tant de vicissitudes, poursuivent une œuvre si grandiose aux points de vue artistique et religieux. C'est peut-être le plus beau poème qui existe pour chanter la gloire de saint Benoît.

Mais vous ne me pardonneriez pas d'abréger la description de la bibliothèque et des archives.

La bibliothèque, comme l'abbaye elle-même, est devenue propriété d'Etat, mais les acquisitions et les dons qui suivirent cette main-mise du gouvernement sont classés à part avec une étiquette spéciale « bibliotheca privata ».

L'ancien fonds des ouvrages imprimés compte environ 20,000 volumes, une précieuse collection d'incunables et beaucoup d'éditions princeps.

Les seuls ouvrages du premier siècle de l'imprimerie s'élèvent au nombre de 500, dont 150 éditions du xve siècle.

Parmi les curiosités typographiques, on peut voir :

Le *Rationale divinorum officiorum*, de Durand de Mende, in-folio d'écriture gothique, imprimé sur parchemin, par Jean Furts, de Mayence, l'un des associés de Gutenberg. On y lit la date : 6 octobre 1459. C'est, dit-on, le second livre imprimé.

14

Les œuvres de Lactance imprimées à Subiaco par Conrad Sweynhem et Arnold Pannartz, typographes allemands qui, les premiers, introduisirent en Italie l'art de l'imprimerie. C'est le second ouvrage imprimé en Italie. Commencé en 1463, il fut terminé le 29 octobre 1465. Il est extrémement rare, on n'en connaît que très peu d'exemplaires : celui de Subiaco, celui du Mont-Cassin, celui du Vatican, celui de Berlin.

Un grand et beau missel monastique selon le rite de la Congrégration cassinienne imprimé en 1506.

Les questions symboliques de Bocchius, de Bologne. Les nombreuses figures de ce livre, dessinées et gravées par le célèbre Jules Bonasone, qui s'inspira souvent de Michel-Ange et d'Albert Durer, de Parmigiano et de Prosper Fontana, son maître, ont été retouchées, dans cette seconde édition très rare, par Augustin Carrache. Imprimé à Bologne en 1574.

L'Histoire romaine, de Tite-Live, imprimée à Rome, en 1472, par les mêmes typographes.

Expositiones Librorum Novi Testamenti, de Nicolas de Lyre. Ouvrage précieux imprimé à Rome, en 1472, toujours par les mêmes typographes. Dans la lettre adressée au pape Sixte IV, qui sert de préface, les éditeurs font l'éloge de « l'art admirable de l'imprimerie qui a tant apporté d'utilité aux lettres », ils énumèrent le nombre d'ouvrages publiés par eux jusqu'alors et la quantité d'exemplaires de chaque ouvrage : en tout 12,475 volumes. Puis ils implorent les secours du Pontife en ajoutant que, pour ce vingt-huitième et dernier travail, ils ont « dépensé tout ce qu'ils possédaient et qu'il ne leur reste plus rien pour vivre ».

On remarque encore dans cette bibliothèque, pauvre en ouvrages modernes, de belles éditions du temps de Louis XIV.

Ici j'ouvre une parenthèse pour vous dire, Messieurs, que la bibliothèque municipale de Rouen n'est pas dépourvue d'ouvrages des premiers temps de l'imprimerie, elle en compte 241 entre les années 1468 et 1500.

L'ouvrage le plus ancien est *Sancti Hieronymi opus Epistolarum*, il a été imprimé à Rome, en 1468, par les mêmes typographes, Conrad Sweynhem et Arnold Pamartz, dont je vous ai parlé. Cet exemplaire, en deux volumes richement reliés, vient de l'abbaye de Saint-Ouen, l'impression en est d'une netteté parfaite ; des miniatures très bien conservées ornent quelques lettres initiales, des marges, des hauts et des bas de page. Il n'y a pas de pagination, chaque volume contient environ 300 feuillets.

A l'étage inférieur se trouvent les archives. On peut dire que c'est là la partie la plus intéressante du Mont-Cassin, et c'est aussi celle dont le monastère est le plus fier.

Leur fondation remonte à saint Benoît, leur existence compte donc maintenant plus de quatorze siècles. Trois salles longues de 10 m. 80 et larges de 5 m. 50 sont garnies d'armoires en noyer, revêtues à l'intérieur de cyprès, afin de protéger les manuscrits contre les vers.

Dans la première salle, les papiers, à partir du xIV° siècle jusqu'à nos jours, se rapportent au diocèse du Mont-Cassin. Pour donner une idée de l'importance des domaines de l'abbaye à l'époque de sa splendeur, il est intéressant de savoir qu'elle comptait au nombre de ses possessions 2 principautés, 20 comtés, 406 villes, bourgs ou villages, 250 châteaux, 336 manoirs, 23 ports de mer, 1.662 églises. Aujourd'hui, le diocèse du Mont-Cassin, sur lequel Mgr Krug exerce sa juridiction, est encore un des plus vastes de l'Italie, il compte près de 150,000 âmes. Du reste, l'archi abbé du Mont-Cassin jouit de deux privilèges fort rares, il est nommé au canon de la messe et il assiste, en donnant son vote, au consistoire semi-public qui précède la canonisation des saints.

Dans la seconde salle se trouvent les manuscrits. Il y a d'abord 9 palimpsestes, et il m'a été donné d'en contempler un, dans lequel un paléographe exercé peut encore lire les deux textes superposés. Les autres manuscrits peuvent se diviser de la façon suivante, sous le rapport de l'antiquité :

1 du	v° siècle.		146 du	xIII° siècle.	
1 du	vI°	—	120 du	xIV°	—
2 du	vII°	—	84 du	xV°	—
5 du	vIII°	—	26 du	xVI°	—
41 du	IX°	—	53 du	xVII°	—
37 du	x°	—	241 du	xVIII°	—
210 du	xI°	—	120 du	xIX°	—
83 du	xII°	—			

ce qui fait un total de 1.380.

Au point de vue artistique, 200 environ ont des enluminures très intéressantes pour l'histoire du costume et des différentes industries de l'orfèvrerie, de la céramique, des tissus, des broderies, etc., et l'abbaye publie actuellement des documents pour servir à l'histoire de la miniature.

Sous le rapport de la langue, la majorité est en latin, une partie importante en italien, quelques-uns sont orientaux, grecs, provençaux et espagnols. L'écriture des manuscrits est presque toujours lombarde ou gothique. Ceux en écriture onciale, latine et anglo-saxonne sont en petit nombre, mais ce sont les plus anciens et les plus précieux. Je n'en citerai que quelques-uns :

Le Commentaire d'Origène sur les Epitres de saint Paul traduit par Rufin, on croit qu'il est du commencement du Vᵉ siècle.

Le beau *Missel* et la *Bible*, de l'abbé Didier, du XIᵉ siècle, dont les enluminures sont très remarquables.

La *Divina Comedia* du Dante, presque contemporaine du grand poète ou du moins écrite peu après sa mort, c'est-à-dire vers le milieu du XIVᵉ siècle.

De origine rerum, de Raban Maur, grand in-folio, qui est une espèce d'encyclopédie où sont réunies toutes les connaissances du IXᵉ siècle. Il fut écrit et illustré vers l'an 1000. C'est une mine inépuisable pour l'étude des us et coutumes de l'époque.

Un manuscrit du XIIᵉ siècle a retenu un instant mon attention, il est intitulé modestement :

De musica antiqua et nova ; il contient le microloge

18

de *Gui d'Arezzo* où se trouve le tonarium ou gamme de
l'abbé Oddon, ut, ré, mi, fa, sol, la, si. Ce manuscrit a
été l'objet d'une étude toute particulière du R^{me} Dom
Pothier qui s'occupe actuellement des nouvelles éditions de chant liturgique pour en fixer les modulations
d'après les traditions les plus respectables.

Passons maintenant au xive siècle. Un manuscrit
hébreu-rabinique qui contient des éléments divers,
parmi lesquels des calculs d'Abraham d'Antioche,
hérésiarque du ixe siècle qui niait la divinité de Jésus-
Christ, a été annoté par Renan, et on y trouve cette
mention assez curieuse : « In monasterio Casinensi
dulcissime conversatus mense januarii anni 1850 ». A
cette époque, Renan fit un séjour de huit mois en Italie,
il avait alors vingt-sept ans, et ce ne fut qu'en 1863
que parut la *Vie de Jésus*, qui fut le point de départ
d'une suite d'études sur les origines du Christianisme.

Quant aux chartes, on serait volontiers tenté de
dire, il y en a trop. Dans cet immense trésor de
90,000 pièces sur papier ou parchemin, où se voient
encore les signatures et les sceaux des rois, des empe-
reurs, des papes, des évêques, des abbés, j'ai contemplé
quelque temps un parchemin de l'année 1060 qui se
termine par la signature du célèbre abbé Didier en
caractères lombards, curieux par le prolongement
démesuré des lettres à jambages.

« ✝ Ego Desiderius Dî. grâ. Abb. SS. » On peut dire
sans exagération que Didier fut le plus grand des abbés
du Mont-Cassin et le Léon X du xie siècle. Après avoir
guerroyé à l'époque, et en particulier contre les Nor-

mands conduits par Robert Guiscard, il se dégoûta du monde et se fit moine. Aussi, n'est-ce pas un curieux rapprochement que de voir les statues de ces deux adversaires, côte à côte, dans le même cloître, ainsi que je vous l'ai dit au début de cette étude. L'abbé Didier ayant été pape sous le nom de Victor III, c'est avec ses attributs qu'il est représenté. Mais il est bon de dire que la paix s'étant faite, Guiscard, pour se faire pardonner ses incursions à main armée et ses pillages, devint un des plus insignes bienfaiteurs du Mont-Cassin auquel il offrait de nombreux dons après chacune de ses conquêtes.

Pour en revenir à Didier, deux ans après sa profession monastique, il fut élu à l'unanimité abbé du Mont-Cassin. Pendant trente années, il donna un essort remarquable à son monastère qu'il peupla d'artistes et de moines pieux et savants. Une de ses gloires fut la fondation d'une école spéciale de copistes. Malheureusement, parmi ces religieux patients et ignorés qui passaient leur vie à transcrire un ouvrage, c'est à peine si l'on peut citer un nom, celui de Léon d'Amalfi ; nous ne connaissons des autres que leurs œuvres. Ce sont eux cependant qui, après des prodiges de patience, copièrent ces superbes manuscrits dont les miniatures et la belle écriture lombarde, qu'on a appelé ensuite écriture cassinienne, excitent maintenant notre admiration. Il semble qu'en face de ces merveilles il faudrait pardonner au moyen âge quelques-uns des griefs dont on l'accuse.

Aussi comprenons-nous la recommandation qu'on lit

au dernier folio d'un manuscrit de luxe, *Gregori mora-lia*, le copiste Etienne recommande au lecteur d'avoir les mains propres « sit illi lota manus ».

J'ai fini avec vous, Messieurs, cette visite au Mont-Cassin. Que n'aviez-vous pour vous guider les religieux qui tour à tour m'ont piloté dans cette abbaye, soit le père hôtelier qui joint à la connaissance de plusieurs langues la distinction d'un parfait gentleman, soit le directeur des travaux qui est un moine artiste, soit l'archiviste dont mon ignorance ne rebutait pas la complaisance, soit enfin le R^{me} Père Krug qui, malgré ses occupations très absorbantes, a bien voulu m'entretenir quelques instants en compagnie de Dom Pothier, devant lequel toutes les portes s'ouvraient.

Que faut-il couclure de cette étude trop hâtive et si incomplète?

Les passions humaines sont les mêmes sous toutes les latitudes et il semble qu'en s'affinant dans une civilisation toujours plus complète l'homme de notre xxe siècle ne peut échapper à cet atavisme des barbares qui s'acharnaient à détruire les trésors accumulés par leurs devanciers.

Le Mont-Cassin a supporté les assauts des Sarrazins, des Normands, des Républicains de 1798. Maintenant les mœurs se sont modifiées ; on ne voit plus d'attaques à main armée, de pillages, de massacres, d'incendies, mais si la manière d'opérer est changée, l'esprit destructeur subsiste toujours, et c'est à coups de décrets et de lois qu'on dépossède et qu'on détruit. Le mot de Montesquieu est toujours tristement vrai : « il n'est de pire tyrannie que celle qui s'exerce sous le couvert des lois ».

Souhaitons cependant, et malgré tout, que la paix apparente dont jouit l'abbaye du Mont-Cassin soit durable pour les moines qui y demeurent en travaillant et en priant, de même que pour les visiteurs et les savants qui passent en admirant et en s'instruisant.

www.ingramcontent.com/pod-product-compliance
Lightning Source LLC
Chambersburg PA
CBHW051301050726
47595CB00008B/3354